P9-CQW-493

Un libro ilustrado sobre
Martin Luther King, hijo

Un libro ilustrado sobre
Martin Luther King, hijo

David A. Adler

Ilustrado por Robert Casilla
Traducción de Teresa Mlawer

Holiday House / New York

Para Joan Brathwaite
D.A.A.
Para Carmen y el pequeño Robert
R.C.

Text copyright © 1989 by David A. Adler
Illustrations copyright © 1989 by Robert Casilla
Translation copyright © 1992 by Holiday House, Inc.

Library of Congress Cataloging-in-Publication Data
Adler, David A.
[Picture book of Martin Luther King, Jr. Spanish]
Un libro ilustrado sobre Martin Luther King, hijo / David A. Adler ;
ilustrado por Robert Casilla ; traducción de Teresa Mlawer.
p.   cm.
Translation of: A picture book of Martin Luther King, Jr.
Summary: A brief, illustrated, biography of the Baptist minister
and civil rights leader whose philosophy and practice of nonviolent
civil disobedience helped American blacks win many battles for equal
rights.
ISBN 0-8234-0982-1
1. King, Martin Luther, Jr., 1929-1968—Pictorial works—Juvenile
literature.   2. Afro-Americans—Pictorial works—Juvenile
literature.   3. Baptists—United States—Clergy—Pictorial works—
Juvenile literature.   4. Civil rights workers—United States—
Pictorial works—Juvenile literature.   [1. King, Martin Luther,
Jr., 1929-1968.   2. Clergy.   3. Civil rights workers.   4. Afro-
Americans—Biography.   5. Spanish language materials.]
I. Casilla, Robert, ill.   II. Title.
E185.97.K5A6318   1992   92-52853   CIP
323'.092—dc20   AC
[B]
ISBN 0-8234-0982-1
ISBN 0-8234-0991-0 (pbk.)

Martin Luther King, hijo, fue uno de los líderes más importantes de los Estados Unidos. Fue un gran orador, y denunció las leyes que no permitían a los negros asistir a muchas de las escuelas, ni tener igual oportunidad de trabajo. Organizó protestas y manifestaciones para demandar leyes justas para todos los ciudadanos.

Martin Luther King, hijo, nació el 15 de enero de 1929,
en Atlanta, Georgia. Su padre era pastor y su madre había
sido maestra. Martin tenía una hermana mayor, Willie
Christine, y un hermano menor, Alfred Daniel.

A Martin le gustaba jugar béisbol, fútbol y baloncesto. Le gustaba montar en bicicleta y cantar. A menudo, cantaba en la iglesia de su papá.

Martin (centro) con su hermano Alfred Daniel (izquierda) y su hermana Willie Christine (derecha)

Martin solía jugar en el patio de su casa con sus amigos. Un día le dijeron que no podía jugar más con dos de sus amigos porque ellos eran blancos y él era negro.

Martin lloró. Él no podía comprender por qué el color de su piel le podía importar a alguien.

La mamá de Martin le explicó que muchos años atrás los negros habían sido traídos a América, a la fuerza y encadenados, para ser vendidos como esclavos. Ella le explicó que mucho antes de que él naciera, se les había dado la libertad a los esclavos. Sin embargo, todavía existían algunas personas con prejuicios, que no trataban bien a las personas negras.

En Atlanta, donde vivía Martin, y en otros lugares de los Estados Unidos, se colocaban carteles que decían: «Sólo blancos». Y a las personas negras no se les permitía la entrada en algunos parques, hoteles, restaurantes, piscinas, y aun las escuelas, y no se les daba igual oportunidad de trabajo.

Frederick Douglass

George Washington Carver

Harriet Tubman

Martin aprendió a leer en su casa cuando aún no tenía edad para ir a la escuela. Durante su infancia, leyó mucho sobre líderes negros.

Martin fue un buen estudiante. Terminó la escuela secundaria dos años antes de tiempo, y tenía sólo quince años cuando entró en *Morehouse College*, una universidad en Atlanta. Fue allí donde decidió ser pastor.

Después de graduarse en *Morehouse,* Martin continuó sus estudios para obtener un doctorado de la Universidad de Boston. Allí conoció a Coretta Scott. Ella estudiaba música. Se enamoraron y se casaron.

En 1954, Martin Luther King, hijo, empezó su primer trabajo como pastor en Montgomery, Alabama. Al año siguiente, Rosa Parks, una mujer negra, fue arrestada en Montgomery, por sentarse en la sección del autobús destinada solamente para los blancos.

El Dr. Martin Luther King, hijo, organizó una protesta. Los negros de Montgomery rehusaron viajar en los autobuses. El Dr. King dijo: —Llega un momento en que las personas se cansan de tantos maltratos y humillaciones.

Una noche, mientras el Dr. King
estaba en una reunión, alguien
lanzó una bomba contra su casa.

Los simpatizantes de Martin estaban furiosos y pedían represalias. Martin les pidió que se retiraran pacíficamente. —Debemos amar a nuestros hermanos blancos— dijo él—. Debemos corresponder al odio con amor.

La protesta de los autobuses duró un año. Cuando terminó, ya no existían las secciones separadas que indicaban: «Sólo blancos».

El Dr. King decidió regresar a Atlanta en 1960. Allí continuó organizando manifestaciones para acabar con la segregación en los lugares privados y públicos. Presidió muchas manifestaciones a favor de la libertad.

En 1963, el Dr. King presidió la manifestación más grande de todas—la Marcha a Washington. Más de doscientas mil personas, blancas y negras, marcharon con él hasta la capital. —He tenido un sueño—dijo en su discurso—. "He tenido el sueño de que llegará el día en que mis cuatro hijos podrán vivir en un país donde no serán juzgados por el color de su piel, sino por la entereza de su carácter".

Al año siguiente, en 1964, se le otorgó al Dr. King uno de los honores más grandes que una persona puede recibir, el Premio Nobel de la Paz.

Se notaban cambios en el país. Nuevas leyes fueron establecidas. Los negros podían asistir a las mismas escuelas que los blancos. Podían entrar en las mismas tiendas, restaurantes y hoteles. Se prohibieron los carteles que indicaban: «Sólo blancos».

El Dr. King pidió a sus simpatizantes que protestaran pacíficamente. Pero aún así, ocurrieron varios disturbios y actos de violencia.

En abril de 1968, el Dr. King fue a Memphis, Tennessee. Su intención era llevar a cabo una manifestación para conseguir la igualdad de salarios para los trabajadores de sanidad, blancos y negros.

El 4 de abril, en Memphis, el Dr. King salió al balcón de la habitación de su hotel. Escondido muy cerca de allí se encontraba James Earl Ray. Apuntó su rifle al Dr. King y disparó. Una hora más tarde el Dr. King fallecía.

Martin Luther King, hijo, soñaba con un mundo libre de odio, prejuicios y violencia. En la inscripción tallada en la piedra de su tumba se lee: «¡Al fin soy libre!»

FECHAS CLAVES

1929	Nace el 15 de enero en Atlanta, Georgia.
1947	Se ordena como ministro.
1953	Se casa con Coretta Scott en Marion, Alabama.
1955–1956	Preside la protesta contra el uso de los autobuses en Montgomery, Alabama.
1963	Dirige la marcha a Washington el 28 de agosto, donde pronuncia su famoso discurso «He tenido un sueño», desde las gradas del monumento a Lincoln.
1964	Se le otorga el Premio Nobel de la Paz.
1968	Es asesinado, el 4 de abril, en Memphis, Tennessee.
1983	El congreso de los Estados Unidos decreta como día festivo el tercer lunes del mes de enero, para honrar todos los años la memoria y los ideales de Martin Luther King, hijo.